gal. St aubin inv. 1757

CATALOGUE

D'UN CABINET

DE CURIOSITÉS.

Il consiste en Plantes marines, Litophytes,
Madrepores : Mines d'or, Mines d'argent,
de cuivre, plomb & autres ; Cristaux, Cris-
talisations, Fluors, Coquilles, Bivalves &
Univalves ; Bois pétrifiés & Agathisés ; Pois-
sons & Animaux déséchés & en Phioles ;
une suite de Papillons, Mouches & Insectes ;
plusieurs Morceaux curieux & rares. Des
Desseins & Estampes en Feuille, & sous Verre, par différens bons Maîtres Italiens, Ila-
mands, Hollandois Allemands & François.

Par P. REMY.

A PARIS,

Chez DIDOT l'aîné, Libraire & Imprimeur,
Rue Pavée, près du Quai des Augustins.

M. DCC. LXIII.

La Vente de toutes les Curiosités énoncées dans ce Catalogue, & qui seront entremêlées dans le Cours de chaque Vacation : commencera le Lundi 21 Novembre 1763, & Jours suivans de relevée : rue Poupée, la seconde Porte-Cochere à gauche, en entrant par la rue Haute-Feuille.

CATALOGUE
DE CURIOSITÉS.

*Plantes Marines , Litophytes , &
Madrepores.*

1 UNE grande & forte Plante de
Corail rouge articulé, de l'Inde, mon-
tée sur un socle de bois. Cette espece
est très rare.

2 Une autre de même Corail , très gar-
nie de branches ; avec de petits
Glands de Mer qui s'y sont attachés,
naturellement.

3 Trois petites Plantes de Corail rouge ; deux sont adhérentes à un morceau de Rocher , la troisieme paroît
y avoir été placée.

4 Une jolie plante de Corail rouge tenant à un petit morceau de Rocher.

5 Deux autres Plantes de Corail rouge,
& un Madrepore à jour sur un Rocher.   A ij

6 Un gros Morceau de Rocher fur lequel ont pris naiffance beaucoup de Corail rouge, des Vermiculaires, des Madrepores nommés Œillets, & des Coquillages : une belle Plante de Corail rouge y a été incruftée.

7 Plufieurs branches de Corail noir, fur un pied de Bois verni : une Plante de Corail blanc oculé ; une Souche de Corail rouge, & un Madrepore où il fe trouve des Plantes de Corail rouge naiffantes.

8 Une Boîte contenant des Morceaux de Corail rouge & blanc.

9 Deux Madrepores : l'un eft feuilleté avec des efpeces de Gland, l'autre a de gros branchages d'un travail étoilé : ils font fur des pieds de Bois verni.

10 Trois autres Madrepores d'efpeces différentes.

11 Deux pieds de Bois verni fupportans, l'un un Madrepore à épi, l'autre trois autres Madrepores.

12 Trois Madrepores, fur des Socles de bois.

13 Quatre autres dont un Spongieux Stroïte, en forme d'éventail.

14 Un Madrepore à œillet, & quatre autres montés fur des pieds.

15 Cinq Madrepores, trois font en buiſſon, les deux autres à œillet.

16 Deux Madrepores à branches & à œillet, un en buiſſon ; & quatre autres, dont deux Champignons de Mer.

17 Un Cerveau marin ; deux Champignons, & cinq autres Madrepores.

18 Deux Monceaux de Tuyaux d'Orgue, dont un monté ſur un pied.

19 Trois différens petits Litophytes, un Monceau de Tuyaux d'Orgue, & un petit Madrepore coralloïde ; ils ſont tous poſés ſur des pieds de bois.

20 Un beau & grand Litophyte noir, garni de beaucoup de branches & de petits branchages. Ce morceau, qui eſt poſé ſur un pied de bois, eſt très conſervé & eſtimable.

21 Un autre beau Lithophyte ſiugulier & peu commun, d'une eſpece très différente du précédent.

22 Un grand & riche Lithophyte épineux en forme d'éventail.

23 Deux Lithophyte, l'un nommé Plume de Venus, l'autre la Panache, ſur des pieds de bois.

24 Une Panache de Venus, une Plume de Paon, & un troiſieme Lithophyte à côtes applaties, montés ſur des pieds de bois.　　　A iij

25 Une Huître couverte de tubercules
& de vers marins : une belle Manchette de Neptune , un Lithophyte à
côtes applaties , fur des pieds de bois,
& un Lithophyte adhérant à un Caillou.

26 Cinq Lithophytes différens , montés
fur des pieds de bois.

27 Cinq autres , dont un noir où tient
une Manchette de Neptune.

28 Un Joli Lithophyte noir , & un à
côtes applaties , fur des pieds de
bois.

29 Deux Eponges d'efpeces différentes, attachées naturellement à une
Plante de Corail noir, qui eft pofé fur
un pied de bois.

30 Quatre Lithophytes , dont un fur un
Madrepore ; plus une Dentelle de
Neptune.

31 Onze petits Lithophytes fur des
pieds de bois.

32 Des Moitiées d'Huîtres attachées à
une branche de bois, des Lithophytes , Madrépores , Glands de mer
& autres morceaux.

Mines.

33 Six Echantillons de Mines d'or du
Sénégal.

34 Seize petits Morceaux d'Echantillon de même Mine d'or, & une du Tirol.

35 Un Morceau de Mine d'or & Cobalt, un de Grify, plufieurs autres du Sénégal & d'autres endroits.

36 De la Poudre d'or des Montagnes de Chofo au Pérou, de la Platine de Pinto ou or blanc de Choco au Pérou, de la Litharge d'or, des Marcaffites d'or.

37 Quatre Morceaux de Mines de Sainte Marie, favoir; une d'arfenic & argent; une d'argent, verd-de-gris & fer; une d'argent, cuivre, plomb & verd - de - gris, & une d'argent, plomb & foufre.

38 Un Morceau de Mine d'argent pur, avec criftallifations; un de Mine d'argent vitrée & Mine de cuivre, près le Village de *Meras* & de la Baftide, de Séron en Rouffillon; de la Litharge d'argent, des Marcaffites auffi d'argent, & une Mine d'argent & cuivre.

39 Quatre Morceaux de Mine d'argent, dont un avec criftallifations; un d'argent gris & de plomb très riche, de Hongrie; deux d'argent mêlé, cuivre, plomb & foufre de Ste. Marie.

A iv

40 Trois Morceaux de Mines de Sainte
Marie, dans lesquels il y a fort peu
d'argent, & un Cobalt avec ses
Fleurs, rare.

41 Une Mine de soufre & de cuivre,
une d'argent & de plomb, une de
plomb, une de cuivre, d'argent &
de fer ; toutes sont de Ste Marie :
une Mine de plomb de la Croix en
Lorraine, & deux des Pirennées,
dont une de fer.

42 Plusieurs Morceaux de Sable tal-
queux du Bourbonnois, un de Prime d'Eméraude du Pérou, appellé
Moraillon ; autre d'argent gris & d'a-
méthiste du Tirol, une Mine d'argent, cuivre & cobalt, & une de cuivre plomb & verd-de-gris, de Ste.
Marie.

43 Un Joli Morceau de Mine de plomb
cristallisée & argent, de Ste. Marie ;
une Mine de cuivre à queue de Paon,
avec sa gange ou quartz, d'Astoexora
aux Pirennées, & cinq autres.

44 Une Mine de plomb cru, une de
cuivre de plusieurs couleurs avec du
kouarce, une autre de soufre & cuivre, toutes de Sainte Marie, & quatre différens morceaux.

45 Deux Morceaux de Mines, l'une de

cuivre verd, & foyeuſe avec du cuivre gris, l'autre de cuivre jaune à gorge de pigeon, pluſieurs autres d'étain, &c.

46 Pluſieurs Echantillons de différentes Mines de cuivre ; ils ſont tous étiquetés.

47 Trois autres, dont une de pluſieurs couleurs, criſtalliſés, une de verd-de-gris de Ste. Marie, & autres morceaux.

48 Une Mine ferrugineuſe, une de fer qui contient de l'or de Suede, &c.

49 Du plomb verd de Briſgaw, & du plomb cru ; une Mine de plomb verd criſtalliſée & ſcluteuſe dans une matrice ocreuſe, pluſieurs morceaux de Mines de cuivre de Syrie & du Dauphiné.

50 Des Marcaſſites attachées à une criſtaliſation de kouarce, une du Pérou de la Province de Choco, & autres pieces.

51 Une Mine de Baſſe-Bretagne, elle contient du cuivre & de l'or en petite ſubſtance, autre de cuivre du Pérou, Mine de plomb ſabloneuſe contenant de l'argent, plomb d'argade très riche en cuivre, Mine de plomb blanche, &c.

52 Un Echantillon de Mine de plomb agathifié, un Sabloneux ou Granceleux de Saxe, un auffi de plomb avec du charbon de terre d'Hongrie & autres morceaux.

53 Quatre Echantillons de Mines de cuivre de Loubry aux Pirennées, de Savoye, à queue de Paon & de plomb de Pompean.

54 Une Mine de plomb fubigue & d'argent gris, dans du quartz criftallifé d'Hongrie ; Cobalt ou Mine d'azur, Mine de plomb de Ste. Marie, Zindes ou *Flos-Feri* bleu, &c.

55 Plufieurs Morceaux de Criftallifations, Mines, & Cailloux.

56 Des Criftaux de Roche de Suiffe & autres endroits, & un Morceau de Mine d'argent criftallifé de Ste. Marie.

57 Des Criftallifations, Mines, Fluors & autres pieces.

58 Un gros Morceau de Criftal de Roche de Madagafcar, un de Prime d'Améthifte, une Criftallifation avec une Pétrification verte qui donne de l'argent.

59 Sept Morceaux de Primes d'Eméraude, Criftaux, &c.

60 Un Groupe d'Agate criftallifé, cou-

leur d'améthiste & d'hyacinthe de deux Ponts, & plusieurs autres jolis Morceaux de Cristallisations.

61 Un Cristal de Madagascar, plusieurs Morceaux de Cristallisations & de Primes.

62 Cinq autres Morceaux, dont un de Cristal à petit Canon.

63 Quatre Cristallisations & Cristaux, dont un à Canon.

64 Un Morceau de Cinabre avec du Fer dans une Matrice de Quartz, un de Gispe rouge d'Espagne, un de Mine d'Etain avec Matrice de Talc de Quartz & de Spath très singulier, un de Gispe blanc fibreux lameleux, un gros Morceau d'Amiante talqueuse, un de Spath de Romerie, &c.

Coquilles.

65 Une petite *Sole*, l'*Oiseau*, l'*Unique* & sa Contre partie.

66 Un beau Lievre, une Huître épineuse de Malthe, & deux belles Porcelaines tigrées.

67 Vingt Coquilles, dont une Gueule de Lion, un beau Sabot, un Cadran, une Figue, une Turbinite, une Lampe, trois Bulles d'Eau & un Maron.

68 Un *Prepuce*, une belle Ailée, une Porcelaine tigrée, un Ourſin, & une Huître épineuſe de Malthe, feuilletée.

69 Un Tapis de Perſe, une Olive de Panama, une Brunette & une Ecorchée. Ces quatres Coquilles ſont d'un beau volume.

70 Une belle Araignée, une Porcelaine tigrée, deux Ourſins d'eſpeces différentes, & un beau Groupe de deux Huîtres épineuſes de Malthe, adhérant au Rocher.

71 Onze Coquilles, dont deux Draps d'or différens, deux Aumuces, un Tigre à bandes jaune, une Flamboyante, une Ecorchée, & une Cordeliere.

72 Un Grouppe de deux Huîtres épineuſes de Malthe, une groſſe Tonne cannelée, un Caſque nommé le Turban & deux fauſſes Oreilles de Midas.

73 Un Tubulaire nommé l'Arroſoir.

74 Une petite Huître feuilletée & une eſpece de Crête de Coq, adhérentes à un Madrepore à œillet tenant à une Huître à longue pointe; pluſieurs Entales & Tuyaux Vermiculaires, une Maſſue d'Hercule où ſe trouve logé Bernard l'Hermitte.

75 Une grosse Huître à large & longue pointe, elle vient de St. Domingue; une grosse Chicorée, deux Ailées & une Araignée.

76 Deux grosses Chicorée, deux Ailées & une Araignée.

77 Huit Coquilles qui font, l'Aigrette, une Harpe, trois Tonnes, dont deux nommées Perdrix, & trois Casques.

78 Une grosse Perdrix, un Ane rayé & une grosse Harpe à larges côtes.

79 Une Huître feuilletée de l'Amérique, une Epineuse de Malthe, une Rape, une Telline rayonnée, une Moule de Marseille, &c. en tout treize Coquilles.

80 Une belle Tête de Bécasse, deux Radix épais, une Musique, une Harpe, deux Tonnes cannelées, un Casque pavé dépouillé, deux Chicorées brûlées & une autre Pourpre. Onze Coquilles.

81 Douze Coquilles, savoir, une Veuve en partie dépouillée, un Fuseau, la Tiare & la Mître, un Drap d'or, une Brunette, deux Damiers, un Cierge ou Onix, une Ecorchée, une Aumuce & la Fausse Arlequine.

82 Une belle Figue blanche, deux Tasses de Neptune, une Harpe, deux Tonnes cannelées, & une Musique.

83 Dix Coquilles, dont une groffe Porcelaine tigrée, le Caffé au lait, l'Œuf,
&c.

84 Une Ecriture Chinoife, Un *Concha
Veneris* épineux, des Tellines & autres Coquilles, en tout douze.

85 Une groffe Tuilée, fa Tête eft
rayonnée de couleur de Cerife, &
un Chou très vif en couleur.

86 Onze Coquilles, dont une Arche de
Noé, une Huître feuilletée de l'A-
mérique, & une de Malthe.

87 Une Couronne Impériale, un Drap
d'or, une Brunette, le Taffetas, un
Damier, une Minime, l'Omelette,
l'Ecorchée & une Olive de Panama.

88 L'Œuf, la Géographie, l'Argus,
une Taupe, le Crapaud & deux autres Porcelaines.

89 Treize Coquilles dont le *Concha
Veneris* épineux, deux Huîtres épi-
neufes, une Came polie, une Telline rayonnée.

90 Une peau de Serpent, une Tuilée
Jonquille, l'Ivoire, une Turbinite,
un Maron, un Cadran & autres Coquilles. En tout vingt-une.

91 Un Grouppe d'Huîtres de St Domingue & deux Huîtres de Malthe.

92 Dix-huit Vis & Aleines, & deux
Têtes de Bécaffes.

93 Une Huître de Malthe & des Madrepores à œillets adhérents à un Caillou, un Maron blanc épineux & quatre Moules, dont une d'Alger & une de Marseille.

94 Quatorze Coquilles, dont deux belles & grosses porcelaines.

95 Deux Huîtres, dont une de St. Domingue, une Arche de Noé, & sept autres Coquilles.

96 Une Huître jonquille de St Domingue, une de Malthe, un Cœur de Bœuf, un Murex à tubercules peu commun, &c.

97 Un Fuseau, six Chenilles, Cinq Buccins, un Drap d'or, cinq Ailées, Une Nérite, deux Limas, & une Figue d'espece peu commune.

98 Une Figue, deux Huîtres, un Dauphin dépouillé, trois Cames & vingt-sept Olives.

99 Quarante-huit jolies petites Porcelaines.

100 Un Drap d'or, & un Drap d'argent, des Olives & autres coquilles. Soixante-six.

101. Dix-neufs Coquilles, dont une Huître de St. Domingue, une de Malthe, une Pourpre ou Chicorée, un *Concha Veneris* épineux, une Telline rayonnée, une Fraise.

102 Quarante-huit Coquilles : Sabots,
Buccins, Chenilles, Limas & Néri-
tes.

103 Un Eperon, deux Cadrans, une
Turbinite, un Drap d'or. Quarante-
neuf Coquilles

104 Un Sabot, une Veuve & autres
Coquilles : en tout onze.

105 Deux Huîtres épineuses, dont une
tenant à un Grouppe de Madrepore
à œillet, plus deux Dentelles de Neptune.

106 Un joli Lépas verd & violet, Cha-
toyant peu commun, un autre Lépas
rayonné, un Sabot & deux Limas.

107 Une Dentelle de Neptune & deux
Huîtres de Malthe, dont une sur une
moitié d'Huître chargée de Vermi-
culaire.

108 Onze Coquilles, dont un Murex
à clous, une Moule de Papous, une
Mere-Perle, &c.

109 Un Nautile papiracé, un Nautile
épais dépouillé, un bel Oursin, une
grosse Olive & autres Coquilles : en
tout quinze.

110 Un Jambon épineux, deux Oursins,
une Telline rayonnée couleur de
rose, deux Bécasses épineuses, un Damier, une Ailée, un Cloporte, deux

Dents de Cayman , une Oreille de Mer & un Nautile papiracé.

111 Des Peignes, Lépas, Couteaux , Cames & Cœurs , de la Méditérannée.

112 Des Ourfins , Etoiles de Mer , des Têtes de Medus , &c.

113 Quatre Nautiles épais , deux avec leurs épidermes : les deux autres font dépouillés & travaillés.

114 Un beau & gros Burgos avec fon épiderme-, deux Cafques , dont un à levres retrouffées , & une groffe Tonne.

115 Deux groffes Ailées à bouches couleur de rofe , & deux gros Cafques différens.

116 Une très grande & belle Tuilée bivalve , elle porte quatorze pouces de long fur dix pouces & demie de large.

117 Neuf pieces : favoir , un Œuf d'Autruche , deux gros Ourfins , une Conque de Triton , une Tuilée , un Nautile dépouillé , deux gros Buccins & une Taffe de Neptune.

118 Quatre Cartons contournés de différentes formes , pour fervir à compofer un Parterre ; ils font remplis de plufieurs petits Coquillages de différentes efpeces.

119 Une belle & grande Moule épaiſſe
& polie, ſa couleur eſt d'un petit
violet tranſparent, on prétend qu'elle
vient de la Chine ; une grande Pin-
tade & une Pelure d'Oignon.

120 Deux Boîtes qui contiennent des
quilles de différentes eſpeces.

121 Deux autres *Idem.*

122 Trois autres contenant des Coquilles, des Foſſiles & des Pétrifications.

123 Deux Conques de Tritons & une
Pinne Marine en deux parties, mon-
tées ſur des pieds de bois verni.

124 Quatre-vingt-une petites Boîtes
quarées de Carton, contenant des
Coquilles Foſſiles de différentes eſpeces ; elles feront diviſées en pluſieurs articles.

125 Des Congellations, Prétrifications,
Grouppes de Coquillages agatifiés,
Corne d'Ammon, Impreſſion de
Poiſſon, & autres Morceaux qui ſe-
ront diviſés lors de la Vente.

126 Des Morceaux de Bois pétrifiés,
Bois piriteux & Bois agatifés, qui ſeront auſſi diviſés en pluſieurs articles.

Poiſſons & Animaux deſſéchés, Papil-
lons, Mouches, Inſectes, &c.

127 Un Crocodile de quarante-ſix pouces de longeur.

128 Un Cayman de quarante-un pouces de longueur.

129 Un Poiſſon armé, qui paroît être
un Hériſſon de Mer, & deux Poiſſons, de différentes eſpeces.

130 Un Dauphin, le Rouget, & pluſieurs autres Poiſſons & Animaux.

131 Une Mâchoire de Requin, une
belle Ecreviſſe de Mer, un Lézard,
une Peau de Serpent, &c.

132 Deux Cornes de Rhinocéros.

133 Une ſuite extrêmement curieuſe,
tant par rapport à ſa conſervation que
par la rareté de pluſieurs pieces qui
en font partie : elle eſt compoſée de
trois cens quarante-trois petites Boîtes de Carton très bien ajuſtées avec
des Verres, dans leſquelles ſont des
Papillons, des Mouches & Inſectes.

134 Un beau Scorpion de l'Inde, rare.

135 Un autre de même eſpece & auſſi
beau que celui de l'article précédent.

136 Le Mille-pieds auſſi de l'Inde.

137 La Petite Vipere du Cap, rare ;
cette eſpece eſt ſi venimeuſe qu'on ne
connoît pas de remede à ſa morſure.

Animaux en Phioles.

138 Trois Serpens d'eſpeces différentes, renfermés dans deux Bocaux avec
Liqueur conſervative.

139 Un Lézard à deux queues, un Fétu, chacun dans un Bocal, une Phiole contenant Polipiés, Coraline, avec de petites veffies, & une autre Bouteille.

140 Un Poiffon monftre fort fingulier dans une Phiole, & des Œufs de poiffons dans un petit Bocal.

141. Deux Colonnes de Marbre dite Pierre d'Inguan, elles ont chacune feize pouces neuf lignes de hauteur.

142 Deux autres *Idem.*

143 Une Plaque de Marbre ou Pierre d'Inguan polie, fciée d'une des colonnes du Numéro précédent : cette Pierre eft plus dure que le Porphyre & le Granit ; & ce qui paroît fingulier, c'eft qu'étant coupé mince & polie, elle eft tranfparente : on ne la connoit pas en France.

144 Deux Minarais de Cuivre doré & deux deffus de Minarais.

145 Neuf Ecrans Chinois de trois différentes formes.

146 Un Morceau de Bois très curieux, travaillé par les Fourmies de l'Inde ; il s'y trouve des Nids de l'Animal.

147 Un autre Morceau *idem.*

148 Deux Défenfes de l'Efpadon, nommé poiffon Scie.

DESSEINS

DES TROIS ECOLES,

Colés fur du Papier de Hollande , ornés pour le plus grand nombre de Filets d'or , de Lignes à l'encre & lavés en divers couleurs.

149 Huit Deffeins, dont un Soldat Romain à Cheval, deffiné à la pierre noire, par *Joseph Céfari*, dit Jofepin : trois Etudes de Figures par *Berettoni* ; deux Payfages à la fanguine dans le ftyle de *Pierre-François Cittadini* , dit le Milanois.

150 Un Sujet de Compofition , le Bufte de la Vierge de grandeur naturelle, St. Michel qui terraffe le Démon : ces trois Deffeins font de *Joseph Céfari*. Plus, deux belles Figures d'Académies dans le goût d'*André Sacchi*.

151 Un Deffein à la plume & au biftre , repréfentant un fujet de l'Hiftoire Romaine, par *Pietre Berettini de Cortonne*.

152 Deux beaux payfages avec fabriques , à la plume par *Jean François*

Grimaldi, dit le Bolognefe ; & trois Deffeins du Chevalier *Jean Lanfranc*, qui répréfentent l'affemblée des Dieux, Une Affomption, & le Portique d'une Chapelle.

153 Une Vue de Naple, faite à la plume & lavée de biftre, très jolis Deffeins, par *Dominique Campagnole*, & un payfage coloré.

154 Une grande Ville d'Italie en trois parties, à la plume, & lavée avec de la couleur : elle eft deffinée avec beaucoup d'art, par *Gafparo Van Vitel*.

155 Deux Payfages & Vue d'eau, auffi lavé avec de la couleur par le même *Van Vitel*.

156 La Tête d'une Négreffe, forte comme nature, à la plume par *Baccio Bandinelli* : une Figure d'Académie de *Louis Garzi*, & trois autres Deffeins.

157 Un beau Payfage à la plume, par *Gafpre du Guet* ; quatre autres de Mains habiles, & une Etude de Figures au crayon rouge, lavée en partie.

158 Quatre Deffeins diftingués, de *Berettoni*, à la fanguine : favoir, l'Education de la Vierge, une Nativité,

S.¹Antoine aux pieds de la Vierge, &
S. François auſſi avec la Vierge.

159 Cinq Deſſeins à la plume, & lavés
de biſtre, par *Luc Cangiage*.

160 Six autres, *Idem*.

161 Six Payſages à la plume, pluſieurs
rehauſſés de blanc & lavés de biſtre,
par *Vanbloemen Orizonti*, *F. Grimaldi*, & autres Maîtres Italiens.

162 Cinq autres, *Idem*.

163 Deux Payſages de *Francacini*, Diſ-
ciple de Salvator Roſa ; une Etude
de pluſieurs Figures par *Pierre-François Mola*, & quatre autres Deſſeins,
dont le Frappement du Rocher, de
Diamentini.

164 Trois Têtes de Fantaiſie, à la plume, par *Leonard de Vinci* ; un Sujet
de Vierge à la ſanguine, par *Jacques
Cavedon*, & deux autres Deſſeins.

165 Six Deſſeins de différens Maîtres
Italiens, dont deux de Jacques Pal-
me.

166 Sept Deſſeins de *Luc Cangiage* : ils
ſont à l'encre & lavés de biſtre, &
trois Payſages, dont la Vue du Temple de la Sibile Tiburtine à Tivoli.

167 Cinq Payſages à la plume, les uns
lavés à l'encre, les autres de biſtre,
par *F. Grimaldi*, & autres Artiſtes
diſtingués.

168 Sept Paysages, plusieurs sont lavés de bistre, par différens bons Maîtres.

169 Six autres *idem*. Diane qui découvre la grossesse de Calipso, & une Etude de plusieurs Figures pleines d'esprit.

170 Deux Sujets pieux, très proprement dessinés au crayon rouge par un Artiste Moderne d'Italie.

171 Un Sujet Grotesque au crayon rouge, par *Nicolo Soggi*, trois autres Desseins de Composition, & deux Académies dans le style d'*André Sacchi*.

172 Huit Desseins, dont la Vision de Jacob, très bon Dessein lavé de bistre rehaussé de blanc, par *J. F. Romanelle*.

173 Deux Marines, dont une de *Montagne de Venise*, deux Paysages, une Eglise Gothique & un Sujet de deux Figures.

174 Treize Desseins, dont onze sont des Paysages à la Plume, lavés de bistre.

175 Douze Desseins de différens Maîtres.

176 Douze autres, *Idem*.

177 Une Vue de Tivoli, par *J. de Momper*,

Momper, l'Adoration des Rois à la plume & lavé, par *Abraham Bloe-maert* : un Payſan aſſis tenant un Pot, par *Bega* ; & l'Etude d'un Guerier.

178 Neuf Payſages de *J. de Momper*, *Vadder* & autres Maîtres.

179 Cinq Figures d'Académie au crayon rouge, Par *Albert Flamen*, & deux Payſages à la plume lavés de biſtre, dont un dans le goût de Berghem.

180 Deux Payſages à la plume & au biſtre, d'un bon effet, par *Wyerotters*.

181 Deux Hommes, l'un vû de profil, l'autre de trois quarts, très bien deſ-ſinés à la mine de plomb ſur papier blanc, par *Mayer*, & un Turc, au fuſin ſur papier gris.

182 Quatre autres Figures d'Hommes deſſinés au fuſin, par le même *Ma-yer*, & un jeune Garçon qui retient un Ane par ſon licol, auſſi deſſiné au fuſin ſur papier teinté de couleur bleue, par *Hielman*.

183 Un Payſage avec Figures à la plu-me, à la pierre noire & lavé d'encre ſur papier coloré en bleu : une Fem-me aſſiſe, deſſinée au crayon noir & blanc ſur papier bleu, & une Femme ſuivie d'un Chien, ſur papier blanc : ces trois Deſſeins ſont de *Hielman*.

B

184 Deux Payſages avec Chaumieres, faits au paſtel ſur papier teint en bleu, par *Hielman*. Ils font l'effet du Tableau & ſont très conſervés.

185 Un agréable Payſage enrichi de Figures, deſſiné au fuſin ſur papier teint en bleu ; un autre au fuſin rehauſſé de blanc ſur papier bleu, & une Femme aſſiſe tenant une Poule : tous *d'Hielman*.

186 Neuf Payſages & Sujets récréatifs, pluſieurs à la plume, lavés de biſtre.

187 Seize Payſages de différens Maîtres.

188 Seize autres Payſage & un Deſſein de Compoſition.

189 Quatorze Deſſeins, Payſages & Sujets, dont pluſieurs, par *Schumacher*, Peintre Allemand.

190 Un Porte-Feuille de Deſſeins de différens Maîtres, qui ſera diviſé en pluſieurs Articles.

191 Un Payſage à la plume, très riche de Compoſition, dans le goût de *Breughel* de *Velours*, & deux autres Deſſeins

192 Une Fête au Dieu Pan, Deſſein de mérite, à la plume, & lavé, par *Nicolas Pouſſin*, & quatre Payſages lavés de biſtre, par *Claude Gelée*.

193 Quatre Payſages à la plume lavés de biſtre, dont un très beau où regne une vapeur aérienne ; par *Claude Gelée.*

194 Vingt-quatre Etudes de Figures, de Têtes & Mains, deſſinées au fuſin ſur papier bleu & gris, par *Philippe de Champagne.*

195 Quarante-une Etudes, par le même Maître.

196 Le Deſſein Original d'une des quatre pieces de l'Hiſtoire de Pſiché, gravée par Sébaſtien le Clerc ; c'eſt celle où l'Amour ſe déſeſpere d'avoir perdu Pſichée : il eſt à la plume & lavé à l'encre : deux belles Vignettes à la ſanguine auſſi par *S. le Clerc*, & deux petites Femmes.

197 Un Sujet Romain, grand Morceau en hauteur, deſſiné au fuſin & au crayon blanc, ſur papier bleu, par *François le Moine.*

198 L'Enlevement d'Europe, deſſiné à la mine de plomb : une Feuille de ſix Têtes d'études, au crayon rouge d'après l'Antique ; & trois autres Deſſeins, dont deux Contre-Epreuves : tous ſont de *François Boucher.*

199 Une Jeune Fille jouant avec un Chat : une Femme aſſiſe & trois au-

B ij

tres Deſſeins, par *François Boucher.*

200 La Vues de pluſieurs Maiſons de Campagne, deſſinées au crayon rouge, par *Jean-Bapiſte-Marie Pierre* : & quatre Deſſeins de *Verdier.*

201 Huit Deſſeins de Payſages & de Figures, par différens Maîtres, dont une Bergere tenant ſa Houlette, par *Charles Natoire.*

202 Trois Deſſeins de *J. B. Oudri,* dont un Chien en arrêt ſur deux Perdrix.

203 Deux Pigeons & une Etude de deux Oiſeaux : ces trois Morceaux ſont à huile ſur papier, par *Oudry.*

204 Trois autres Etudes, *idem,* par le même.

205 Trois Deſſeins de *Carle Vanloo* : ſavoir, Un Vieil Homme avec deux Mains, Figure petite nature vû de profil & à mi-corps ; un Turc, & une Tête de Vieil Homme.

206 Une belle Tête de Fantaiſie, à la pierre noire & au crayon blanc, ſur papier gris : & un Payſage, par M. *Deshays.*

207 Deux Payſages avec Figures, dont un enrichi de fabriques & de chûtes d'eau : ils ſont faits au fuſin & au crayon blanc, ſur papier bleu, par le même.

208 Une belle Académie deffinée au crayon rouge, fur papier blanc, par *De la Grenée.*

209 Deux Académies, au crayon noir fur papier blanc.

210 Un Lutrin deffiné à la plume, & lavé à l'encre par *Germain le Pere* : la Tête d'un Evêque au crayon noir & blanc, fur papier gris, par M. *Vien* : un Projet de Fontaine, enrichi de Figures, coloré dans le goût du Tableau, par M. *Boucher* le Fils, & un Sujet de Compofition, par *Colin de Vermont.*

211 Un Deffein Capital, coloré par *C. La Rue*, il repréfente le triomphe de Galatée.

212 Neuf Deffeins, dont un à la plume, & lavé, par *Jean-Baptifte Van-loo.*

213 La Reine de Perfe dans un Jardin, accompagnée de fes Suivantes & de plufieurs Muficiennes : ce Deffein eft à la plume lavé à l'encre, par *Metay.*

214 Trois Deffeins, dont deux Marines colorées à l'effet du Tableau, par *Metay.*

215 Cinq différens Sujets de Compofition, les uns à la plume, les autres au Crayon, par le même *Metay.*

216 Cinq autres Desseins, par le même, dont quatre Sujets d'Enfans, dans la maniere de *François Boucher*.

217 Une Femme couchée sur un lit, un Satyre qui veut en approcher est repoussé par l'Amour : ce Dessein est dans le goût du Pastel, par *Metay*.

218 Deux Paysages faits de goût, par le même.

219 Sept Desseins, dont un d'Architecture, par M. *Challe*.

220 Cinq Desseins de *Fragonard*, dont une Assemblée de Bohémiens, au crayon rouge.

221 Huit autres Desseins du même Maître.

222 Huit Paysages de différens Maîtres, dont deux de *Chantreau*.

223 Dix Desseins d'*Antoine Dieu*, *Oudri*, *Chantreau*, & autres Maîtres.

224 Douze Desseins de Paysages & Architectures.

225 Neuf Desseins, par *Martin*, *Corneille*, *Vander Cabel*.

226 Quatre Desseins de Figures, & un Paysage, par *Metay*.

227 Un Dessein de *la Fage*, à la plume & lavé à l'encre, un de *Boitart*, & quatre autres, dont un à la plume, par *Jouvenet*.

228 Deux belles Têtes de Vieillard, de grandeur naturelle, l'un est en pastel, par *J.B.M.Pierre* : & l'autre aux trois crayons sur papier gris, par *Blanchet*.

229 Un Dessein d'ornement & Figures à la plume, par *Ch. Eisen*, & quatre autres, dont un Vieillard fait au pastel, par le *Padouan*.

ESTAMPES.

230 LES trois grandes Estampes d'après le Correge, par Duchange, premieres Epreuves : elles sont colées & ajustées sur papier de Hollande.

231 Une petite Adoration des Bergers, & un repos en Egypte : ces deux pieces sont d'Annibal Carrache. Le Paysage au Satyre, par Augustin Carrache, & un grand Morceau peu commun.

232 Douze Estampes, dont six gravées à l'Eau-Forte, par *Guido Reni*.

233 Les Travaux d'Hercule en quatre Pieces, gravées par Rousselet, d'après les Tableaux du Roi, & la chûte des Géans, grande Piece en deux Feuilles gravées en bois, par *Coriolan*.

234 Les quatre Elémens d'après l'Albanne, par Baudet, anciennes Epreuves & la Naiſſance de la Vierge.

235 Huit Eſtampes, dont trois d'après le Correge.

235 Soixante-dix Eſtampes de Tempêſte.

237 Sept Eſtampes de différens Maîtres, gravées à Veniſe d'après les Deſſeins de *Pietro Monaco*.

238 Vingt Eſtampes d'après le Barroche, Carrache, Paul Veroneſe & Valentin.

239 Vingt-quatre autres d'après Lanfranc, Guide, & autres Italiens.

240 dix-huit Eſtampes de Caſtillon Benedette, gravées par lui-même : dont la Mélancolie, Diogene & une Marche.

241 Douze Pieces d'après Benedette : dont quatre gravées par Joſeph Vanloo, deux par Lempereur, les autres le ſont par Château & Coypel.

242 Quinze Eſtampes d'après Raphael, Carrache, André Sacchi & autres.

243 Quinze Morceaux d'après le Correge, gravés par Gio Baptiſte Vanni.

244 La Gallerie Farneze, en quarante-deux pieces, gravée d'après Annibal Carrache, par *Carlo Ceſius*.

245 Quatre-vingt-deux Caricatures & Têtes de Fantaifie, d'après Léonard de Vinci & autres Maîtres; plufieurs font gravées par M. Le Comte de Caylus.

246 L'Hiftoire d'Enée en vingt-deux Pieces d'après Léonard Thiri, par *Renatus*, & dix-fept autres Eftampes, dont quatorze des Tableaux de la Salle du Bal à Fontainebleau, d'après Martin de Boulogne.

247 Sept belles & grandes Eftampes, gravées en Italie.

248 Des Caprices d'Architecture en treize Pieces, d'après Piranefe, par Carceri.

249 Soixante-trois Pieces de différens Maîtres Italiens.

250 Trente-huit Eftampes d'après Jule Romain, & Polidor de Caravage, gravées par J. B. Galeftruzzi, Laurentianus & autres.

251 *Vita di San Diego*, en dix-neuf pieces, par J. Guillain, d'après Annibal Carrache : fix pieces d'après le Correge, & le Plafond de la Voute de Verfailles en trois pieces, d'après Mignard par G. Audran

252 Bacchus ivre, par Soutman, d'après P. P. Rubens. (Nº. 62. page 37.)

B. v

du C. d'Hecquet) Epreuves anciennes, & avant la Peau de Lion.

253 Le *Quos Ego*, d'après un Tableau de Rubens : qui eſt dans la Gallerie de Dreſde , gravé par **J. Daullé** , Epreuve avant le Numéro.

254 Huit Pieces d'après Rubens, gravées par différens Maîtres Flamands, dont deux Epreuves de la Vierge, à l'oiſeau , l'une avec l'adreſſe de Gillis Hendrick , & l'autre avant cette adreſſe.

Rembrandt Van Rhein.

255 La Réſurrection du Lazare. (Catalogue de Rembrandt , par E. F. Gerſaint. Nº. 73.)

256 *L'Ecce Homo.* (N. 83.)

257 La Mort de la Vierge , ancienne Epreuve. (Nº. 97.)

258 Un Portrait de Rembrandt (Nº. 23.) Agar renvoyée par Abraham (N. 31) Fuite en Egypte , (N. 52.) N. S. en Croix avec les deux Larrons (N. 81.) La Faiſeuſe de Koucks (N. 120.) Une figure Académique (N. 188.) Vieillard à grande barbe (N. 239.) Vieillard à barbe quarrée (N. 245.)

259 Onze Eftampes, favoir un Portrait de Rembrandt (N. 17.) Jofeph récite fes Songes (N. 37.) Les Vendeurs chaffés hors du Temple (N. 69.) La Réfurrection du Lazare (N. 73.) La faifeufe de Koucks (N. 120) Le Maître d'Ecole (N. 126.) Un Deffinateur (N. 128.) Une Femme nue (N. 190.) Autre Femme nue (N. 193.) Portrait d'Homme à barbe courte (N. 243.) Vieille à bouche pincée. (N. 320.)

260 Un Portrait de Rembrandt. (N. 22.) Rembrandt & fa Femme. (N. 24.) Une Fuite en Egypte. (N. 53.) Repos en Egypte. (N. 57.) Saint Jérôme. (N. 103.) Le petit Orfévre. (N. 119.) Le Maître d'Ecole. (N. 126.) & une Copie du N. 179, qui eft le Moine dans le jonc.

261 La deuxiéme & la troifieme Chaffes, rares (du N. 113.)

262 Homme , avec une Chaîne & une Croix. (N. 241.) Vieillard à barbe quarrée (N. 245.) Un Portrait de Femme. (N. 312.) Trois Etudes de Têtes. (N. 334.)

263 Une Fuite en Egypte. (N. 53.) Trois Figures Orientales. (N. 114.) Un Jeune Homme affis. (N. 248.)

Ephraim Bonus (N. 258.) une Tête
d'Homme de Fantaisie (du N. 266.)
& un Vieillard à grande Barbe. (N.
268.)

264 La petite Tombe. (N. 66.) N. S.
Crucifié. (N. 82.) La Fortune Con-
traire (N. 123) Homme assis. (N.
299) La Mere de Rembrandt (N.
318.)

265 Le Portrait de Jean Lutma, fa-
meux Orfévre de Groningue. (N.
256) très beau d'Epreuve.

266 Jacob qui pleure la Mort de son
Fils Joseph. (N. 35. Le Tribut de
César. (N. 67.) Jeune Homme assis.
(N. 185.) Les Baigneurs. (N. 187.)
Un Portrait de Femme. (1e. du N.
313.)

267 S. Jérôme. (N. 106.) Un Paysage.
(N. 211.) autre Paysage. (N. 228.)

268 Un Paysage (N. 209.) La Campagne du Peseur d'or. (N. 226.)

269 Le Denier de César , premiere
Epreuve , d'après Rembrandt , par
J. M. Ardell.

270 L'Eau Forte d'un Portrait de Rembrandt , du Cabinet du Feu Comte
de Vence , gravé par M. Marcenay
de Guy , l'Epreuve finie de ce Portrait : l'Orage par le même , & du

même Cabinet, & le Perfan, par
Daullé, Epreuve avant la Lettre.

271 Huit Eftampes d'après Rembrandt :
dont le Grand Coppenol, par F. Ba-
fan.

272 L'Œuvre des Pieces, gravées par
G. F. Schmidt, au nombre de vingt-
trois, toutes très belles d'Epreuves,
plufieurs font de fon invention : les
autres le font de Rembrandt, Van
Rhin, Adrien, Van Oftade, & autres.

273 Dix Eftampes gravées par le même
Schmidt, dont cinq d'après Rembrandt.

Bis. 273 La Récompenfe de la Vertu,
piece peu commune, gravée par
Schmidt.

274 Onze Morceaux de Gerard Laireffe,
plufieurs font gravés par lui-même.

275 Vingt-fept autres d'après le même
Maître, par J. Glauber.

276 Douze beaux Portraits gravés par
H. Glotzius, V. Hollar, Suyderhoef,
& autres Maîtres.

277 Les Dieux en huit Morceaux, par
Goltzius, & dix-fept autres Etampes,
dont huit par J. de Geyn.

278 Les neuf Mufes d'Henri Goltzius,
& quinze autres pieces de différens
Maîtres.

279 Seize Eftampes de Goltzius, dont les Vertus & les Vices.

280 Trente-une Fftampes, belles Epreuves, gravées par Hubertus Quellinus.

Bis. 280. Trente-une Eftampes des Saints & Saintes, par Diepenbeck & Van Tulden.

281 La Devideufe de Gérard Dow, & la Cuifiniere Hollandoife de Gabriel Metzu, gravées par J. G. Wille, d'après des Tableaux du Cabinet du Feu Comte de Vence, elles font premieres Epreuves.

282 La Mort de Cléopâtre, d'après Gafpar Netscher, du Cabinet du Comte de Vence, & la Tricoteufe Hollandoife de F. Mieris, du Cabinet de M. Lempereur, ces deux Eftampes très brillantes d'Epreuves, font gravées par J. G. Wille.

Bis. 282 Le Pot au lait & la Chaffe à l'Italienne, gravées par J. P. le Bas : d'après Wouvermans ; ces deux Eftampes, anciennes Epreuves & très belles, font colées fur papier d'Hollande cartonnné & ajuftées.

283 Treize Eftampes, d'après Berghem, gravées par Corneille & Jean Viffcher & autres, elles font prefque toutes anciennes Epreuves.

284 Douze *Idem.*

285 Vingt trois autres.

286 Un très beau payſage, gravé par Aliamet, d'après le Tableau de N. Berghem, qui eſt dans la Gallerie de Dreſde, cette Epreuve eſt très belle, & avant la Lettre.

287 Quinze beaux Payſages gravés, par Antoine Waterloo.

288 L'Œuvre de H. Goudt, Comte Palatin, en ſept Pieces.

289 Trois Pieces intéreſſantes, d'après P. de Laer dit Bamboche, par C. Viſcher: qui ſont le Coche volé, le Four, & la Bataille des Houſards.

290 La Riboteuſe Hollandoiſe, & la Peleuſe de Pommes d'après G. Metzu, par J. Daullé, Epreuves avant la Lettre.

291. La Chaſſe à l'Oiſeau, d'après un Tableau Original, de Laer, qui eſt dans le Cabinet de M. de Peeters: cette Eſtampe qui eſt avant la Lettre, eſt gravée par J. Daullé.

292 Caïn & Abel, par le même J. Daullé, & du même Cabinet, d'après Dietrick, Epreuve avant la Lettre.

293 Les Payſannes au bord d'une Riviere, d'après un Tableau de Die-

trick, du Cabinet de M. de Peeters;
Epreuve avant la Lettre.

294 Cinquante Eftampes diverfes d'a-
près Otho Venius, Jean Abach,
Martin de Vos & autres Maîtres.

295 Cinquante autres d'après Martin
de Vos, par Sadeler.

296 Quarante-trois d'après G. Moftaert,
Martin, de Vos, Baffan, Tintoret,
Candida & autres.

297 Un porte-feuille d'Eftampes diverfes.

298 Les Images de tous les Saints &
Saintes de l'année, par Callot,
en quatre cens quatre-vingt-treize
piéces, y compris deux Titres, deux
Portraits & l'Epitaphe.

299 La Tentation & la Nobleffe en
douze piéces.

300 Le Partere de Nanci & le Com-
bat de Veillane, belles & anciennes
épreuves.

301 La Vie & l'Hiftoire de la Vierge,
en quatorze piéces; le Martyre des
Apôtres, en feize petites piéces;
les Myfteres de la Paffions de Notre
Seigneur, & la Vie de la Vierge en
vingt piéces, le titre manque: &
le Nouveau Teftament en onze piéces.

302 Deux beaux & grands Payſages, par François Vivares, l'un d'après Claude le Lorain, l'autre d'après Patel. N°. 23 & 24.

303 Pſiché & l'Amour, Apollon & Iſſé, Hercule & Omphale, Achile & Deidamie: ces quatre Eſtampes ſont d'après Cazes, par Desplaces & Valée : anciennes épreuves.

304 Dix-neuf piéces de Mellan, pluſieurs avant la Lettre.

305 Vingt-trois autres par le Même.

306 Trente-cinq Eſtampes repréſentant des Fleurs, de Baptiſte Monnoyer & Robert.

307 Quatre-vingt ſept autres de Fleurs & de Plantes, d'après Bodeſſon, Robert, Oudri, & autres.

308 Quatre-vingt une autres, *idem.*

309 Soixante-huit Eſtampes, dont pluſieurs Sujets de Caprices.

310 Quatre-vingt-trois Eſtampes d'ornemens, par Pierre Bourdon Graveur, & autres Artiſtes.

311 Une ſuite de deux cens ſeize Eſtampes de Plantes, Inſectes, Animaux &c. pour ſervir aux mémoires de l'Académie

312 Quatre-vingt-deux Etudes & Sujets d'après Antoine Watteau.

313 Neuf autres toutes avant la Lettre, dont la Mariée de Village, à l'eau-forte.

314 Deux Epreuves de Latone, d'après Jouvenet avant la Lettre, l'une avec Armes, & l'autre fans Armes.

315 Paon & Sirinx, d'après François Boucher; & Salmacis & Hermaphrodite, d'après le Tableau de F. de Troy du Cabinet de M. de Peeters. Ces deux Piéces font gravées, par J. Daullé, Epreuves avant la Lettre.

316 La Poéfie, l'Aftrologie, & la Mufique, toutes trois gravées par Daullé, d'après F. Boucher.

317 Le Turc qui regarde pêcher, d'après Jofeph Vernet, & quatre autres Eftampes toutes gravées, par J. Daullé : Epreuves avant la Lettre.

318 Les quatre Elémens, Sujets d'Enfans, d'après F. Boucher, par J. Daullé : avant la Lettre.

319 Dix-neuf Eftampes Payfages, & fujets d'après Boucher, Oudri, & autres Maîtres, dont plufieurs eaux-fortes, par des Graveurs François.

320 Trois Eftampes d'après F. Boucher, dont deux avant la lettre ; une Tabagie d'Oftade de la Collection de M. de Peeters : ces quatres Eftampes gra-

vées par Daullé, font avant la Lettre.

321 Vingt-neuf Piéces, d'après Bouchardon, Boucher & autres.

322 Les Bergers Romains, du Cabinet de M. de Peeters, d'après Metay, par Levaux : Dianne avec Acteon, d'après Rothenamer, par Beauvalet, épreuves avant la lettre.

323 La Priere au Jardin, d'après le Dominiquain, par Audran & Renauld avec Armide, de Silveftre, par Nicolas Chafteau avant la letrte.

324 Cent trente Vignettes & autres Eftampes d'après Meffieurs Cochin, Eifen & autres Maîtres, plufieurs font gravées par Simonneau.

325 Une fuite d'Habillemens de Théatre en cinquante-une piéces d'après Gillot par Joullain & autres.

326 Quatre-vingt-fept Payfages de Waterloo, Patel & autres Maîtres.

327 Vingt-fix piéces de Grégoire Huret.

328 Antiope d'après N. Pouffin, par Daullé, avant la lettre.

329 Jupiter & Califto, d'après N. Pouffin, par le même Daullé : avant la lettre.

330 Le *Benedicite* Flamand, d'après

D. Teniers : Jupiter & Semele :
Climene effuyant les Fleches de
l'Amour, toutes par Daullé, Epreuves avant la Lettre.

331 Le Duc d'Orléans Régent, d'après
Ranck, par Edelinck, Epreuve avant
la Lettre, & fix autres Portraits.

332 Cinq Portraits de Rigaud, un de
Largilliere & un d'après Fontaine.

333 La Reine de Pologne, d'après
Louis Silveftre, par J. Daullé.

334 Le Portrait de M. Maffé, par L.
Tocqué, gravée par J. G. Wille,
premiere Epreuve.

335 S. A. S. la Princeffe Troubetskoy,
d'après Roslin, par J. Daullé.

336 Les Portraits de M. de Troy & de M.
Mariette, gravés par Daullé, tous les
deux font avant la lettre.

337 Cinquante Portraits d'après différens Maîtres.

338 Trente-un autres Portraits.

339 Le Portrait de l'Avocat d'Hollande, par Nanteuil, très beau d'Epreuve & avant les vers. Il eft cartonné
& ajufté avec filets.

340 Goltzius, par Suyderhoef ; l'Ab-
bé de Pompone d'après le Brun, par
R. Nanteuil ; celui de Dupuis par
Maffon ; Rudolphe II, de Sadler

d'après Ab Ach , & deux autres Portraits.

341 Quarante quatre Payſages & Marines de *Vander* Cabel , Zeeman , Bailly & autres.

342 Cinquante - huit Payſages de J. Glauber , Paul Bril , Roland Savery & autres bons Maîtres.

343 Quarante-quatre Eſtampes d'après Verdier , Tremoliere , Boucher &c.

344 Les ſix grands Payſages d'après Rubens , gravés par Bolswert & Clouvet.

345 Les grandes Batailles d'Alexandre en cinq piéces , d'après le Brun , par Audran , anciennes épreuves.

346 L'Œuvre de Voet en cent trente neuf piéces , relié en parchemin.

347 Les Eſtampes du premier volume de la Bible de Sorin en ſoixante-onze piéces en feuilles

348 Trente-une Piéces du Temple des Muſes , d'après Diepenbeck.

349 Pluſieurs Recueils d'Eſtampes , reliés & en feuilles.

350 Un Porte-feuille d'Eſtampes & de Deſſeins.

Eſtampes Deſſeins & Paſtel, encadrées.

351 Le Reniement de S. Pierre, d'après Seghers, par Bolswert, ancienne Epreuve.

352 Le Lievre d'Hollar, beau d'E-preuve.

353 Le Buſte d'une Muſicienne, de grandeur naturelle, d'après Roſalba Cariera, par Mademoiſelle Natoire.

354 Les Trois Graces aux trois Crayons ſur papier gris, dans la maniere de F. Boucher.

355 Une Femme dans ſa Cuiſine, Peinte en Paſtel.

356 Pluſieurs Eſtampes ſous verre & Bordure, qui ſeront diviſées.

ADDITION.

Eſtampes en feuilles.

357 Quinze Portraits, dont pluſieurs avant la Lettre.

358 Un très beau Portrait de réputa-tion, gravée par F. Spierre, Epreuve brillante; l'Electeur de Brandebourg, par Maſſon, & deux autres de Suy-derhoef.

359 Six Eftampes de Sébaftien le Clerc,
dont le Grand Concile & la Vignette
des Arts. Deux petites Batailles de
Callot & le Paffage du Granite, d'a-
près le Brun, Epreuve avant la Lettre.
360 Saint Paul Hermite de J. Livins;
Danaé & Io, d'après le Correge par
des Rochers; le Chien, de Goltzius
& fix autres Eftampes.

F I N.

www.ingramcontent.com/pod-product-compliance
Lightning Source LLC
LaVergne TN
LVHW020051090426
835510LV00040B/1659